Anna von Leobschütz

Erlebnisse als Flüchtlingskind ab 1947

Eine wahre Geschichte

Vorwort

Es handelt sich um eine wahre Geschichte eines Flüchtlingskindes geboren 1947.

Seine Erlebnisse werden geschildert bis ins Rentenalter ohne Geldsegen vom Staat. Wie man durch harte Arbeit sein Leben meistert? Seine Eltern mussten mit mehreren Jobs Geld verdienen. Deswegen handelten sie sich den Neid der „Einheimischen" ein.

Kurzfassung: Geburt,   Einschulung, Kommunion,   Real-Schule,   Arbeit,   Heirat, Familie, Weihnachten, Großmutter, Umzug

Januar 2020   Anna von Leobschütz

Impressum

Bibliographische Information der Deutschen
Nationalbibliothek: Die Deutsche Nationalbibliothek
verzeichnet diese Publikation in der Deutschen
Nationalbibliografie:
detaillierte bibliografische Daten sind im
Internet über http://dnb.dnb.de abrufbar.

Illustration Buchautorin

Herstellung und Verlag: BoD - Books on Demand, Norderstedt

ISBN:
9 783752 834475

Flüchtlingskind ab 1947

Ohne Fleiß kein Preis

Vielleicht findet man noch Leute, die jetzt mittlerweile alt sind, welche damals auch als Flüchtlinge vertrieben wurden und es nicht gerade leicht hatten. Sie mussten sich ihre Arbeit selber suchen in einer so schlechten Zeit und bekamen keine Unterstützung vom Staat. Sie lebten nicht in komfortablen Wohnungen und konnten sich nur durch Fleiß und harte Arbeit ein angenehmes Leben leisten. Da war nur in Schüsseln waschen angesagt und keine Dusche oder Badewanne waren vorhanden in den Wohnungen, die für sie bezahlbar waren. Ebenso wurde nur mit Holz und Kohle gefeuert. Auch diese mussten angeschleppt werden. Das Holz wurde im Wald gesammelt und dann nach Hause getragen. An ein Auto war noch lange nicht zu denken. Meine Eltern waren für mich ein großes Vorbild und auch für meinen Sohn, der es immer wieder beteuert. Es wäre von Vorteil, die junge Bevölkerung davon zu unterrichten. Meist wissen diese nur wie das allerneueste Handy und ein Computer funktionieren.

Meine Mutter kam aus Altstett, Krs. Leobschütz (Schlesien). Mein Vater kam aus Piltsch, Krs. Leobschütz (Schlesien). Er war gelernter Schreiner und wollte Metzger werden. Seine Mutter war dagegen. Da er einen älteren Bruder hatte, war das Erbrecht so geregelt, dass dieser den Bauernhof mit Wald übernehmen sollte. Doch er starb im Krieg. Er war bei der Kavallerie. Mein Vater war im Krieg in Frankreich. Bei einem Heimaturlaub heiratete er meine Mutter. Als Kampfzone I war, mussten alle von zuhause weg.

Meine Mutter flüchtete nach Österreich zum Attersee. Die Eltern trafen sich dort. Mein Vater arbeitete in einem Forstbetrieb (im Rentenalter bekam er sogar eine monatliche Rente von ca. 300 DM). Es musste jährlich rückversichert werden, dass er noch lebte. Meine Mutter arbeitete auch, war nicht angemeldet und bekam nichts.

Ihr erstes Zuhause in Deutschland war Wasserlosen.

Ein kleines Dorf in der Rhön. Dort kamen sie bei einer netten Bauernfamilie unter. In einer kleinen Wohnung im Dachgeschoss.

Am 27.05.1947 wurde ich in Schweinfurt im damaligen Städt. Krankenhaus als einziges Kind meiner Eltern geboren.

Nebenbei gesagt, meine Eltern fühlten sich hier nicht richtig heimisch. In Wasserlosen wuchs ich auf bis zu meinem 4. Lebensjahr. Im Kindergarten war ich nicht. Ich schaute mal rein, aber es gefiel mir nicht. So kam ich auch ohne Vorschule in die Volksschule.

Aus Erzählungen erfuhr ich, als meine Mutter
im Wald Holz sammelte, sie mich auf eine
Decke setzte und ich mit Holzstöckchen spielte. Wenn ich aber meine Mutter nicht mehr
sah, fing ich fürchterlich zu schreien an. Damals gab es keine Barbiepuppen   oder an-
deres   Spielzeug. In meinen Ferien kam ich
jedes Jahr nach Wasserlosen zu dieser Familie. Der Sohn war gleichaltrig, die Tochter war
10 Jahre älter.

Mein Vater fand eine Arbeitsstelle als Schreiner bei der Arbeitsgemeinschaft für Kriegsbeschädigte in Schweinfurt, denn er hatte einen Pistoleneinschuss erlitten an der linken Hand. Er fuhr jeden Tag mit dem Fahrrad nach Schweinfurt und zurück nach Wasserlosen (17 km einfach). Das würde heute niemand tun. Es ist eine hügelreiche Stecke. Nach 4 Jahren beschlossen meine Eltern nach Schweinfurt zu ziehen. Es war am 22.10.1951. Dort wohnten wir in einer Zweizimmerwohnung mit kleiner Küche und hatten nur eine Toilette ohne Dusche und Badewanne. Da wurden dann die beiden Fahrräder meiner Eltern abgestellt, damit sie nicht gestohlen wurden.

Mittlerweile hat sich mein Vater ein Motorrad (DKW) verdient, da er einen Nebenjob hatte und mit Linoleum- und Stragulaverlegen dazu verdiente. Mit seinem Motorrad hatte er nicht so viel Glück. Damals waren noch in einigen Kurven Pflastersteine, die bei Nässe sehr glatt waren und meinen Vater öfters zum Sturz brachten.

Auch mich schmiss er zweimal runter, als er mich nach Wasserlosen in die Ferien brachte. In dem Dorf waren damals noch Schlaglöcher auf der Straße, die übersah mein Vater und ich stürzte mit meinem neuen hellen Sommermantel auch noch vom Sozius herunter. Mein Mantel wurde schmutzig. Ein andermal holte er mich wieder von Wasserlosen ab und da wurde gerade die Straße neu gebaut. Auf der linken Seite waren Haufen mit Split. Mein Vater schaute auf die Felder, wo Leute arbeiteten, kam auf die linke Seite auf die Haufen und ich fiel in den Straßengraben. Mein Arm war verstaucht. Ich beklagte mich daheim bei meiner Mutter. Mein Vater verteidigte sich damit, er sei auch nicht gestürzt. Ich hätte mich nicht festgehalten.

Auch ich hatte einen weiten Schulweg ohne Busverbindung und kein Fahrrad.

Als ich einmal leihweise das Fahrrad von meiner Mutter bekam, weil sie was vergessen hatte einzukaufen, wurde ich von der Polizei angehalten. Das Licht ginge nicht. Mein Vater reparierte die Räder und hatte da wohl übersehen, dass das Licht defekt war. Ich musste sogar in den Verkehrsunterricht bei der Polizei. Ich schämte

mich, denn ich war das einzige Mädchen. Die Jungen waren wegen Vergehen mit ihren Mofas da.

Nach damals 7 Volksschulklassen (dann ging es nur bis zur 6. Klasse) sollte ich auf die Mittelschule gehen. Die österreichische Freundin meiner Mutter riet ihr, ich sei ein aufgeschlossenes Kind und könne eine höhere Schule besuchen, da auch ihre beiden Söhne, der Ältere in die Realschule (damals Mittelschule) und der Jüngere in das Gymnasium gingen. Später hatte dieser seinen Dr. Titel und wurde Professor. Also machte ich die Aufnahmeprüfung an Mädchenmittelschule mit dem Gedanken dort nicht aufgenommen zu werden.

Ich wollte Geld verdienen und nicht noch 4 Jahre die Schulbank drücken. Es gab ein Aufsatzthema, um von der Stadt- und der Feldmaus zu berichten. Ich schrieb meiner Meinung nach einen Schwachsinn zusammen, um nicht aufgenommen zu werden. Irgendwann kam das Ergebnis und es wurde der beste Aufsatz vorgelesen, der bei dieser Aufnahmeprüfung geschrieben wurde. Ich dachte mich trifft der Schlag, als ich mich an meinen Aufsatz erinnerte.

Eigentlich hatten meine Freundinnen und ich Erfahrungen mit Mäusen. Mein Vater hatte mir eine große Puppenküche geschreinert mit Möbeln. Jetzt mussten da auch Puppen rein. Eines Tages gingen wir auf die Felder. Es war ein Neubaugebiet und noch riesiges Ackerland. Wir begegneten Jungs, die Mäuselöcher ausgruben, bis sie zu den kleinen Mäuschen kamen, die noch kahl da lagen. Wir dachten an meine große Puppenküche und könnten ihnen zu einem schönen Zuhause verhelfen. So holten wir Streichholzschächtelchen, polsterten diese mit Watte aus, legten die felllosen Mäuschen hinein und nahmen sie mit nach Hause. Zum Füttern funktionierten wir kleine Fläschchen mit Bonbons als diese leer waren um. Wir schnitten in die Schnuller ein winziges Loch und füllten sie mit Milch, um so die Mäusebabys zu versorgen. Diese jedoch überlebten die Nacht nicht. Es war nicht schlimm, denn die Buben auf den Feldern versorgten uns am nächsten Tag ja wieder.

Wir Kinder spielten auf der Straße Fangen. Versteckten uns in den Gärten. Abends fingen wir Maikäfer (Müller oder Schornsteinfeger) unter den Laternen. Spielten Ball auf der Straße. Bei manchen Leuten bekamen wir Ärger, wenn der Ball in die Beete fiel.

Wir spielen „Stennert" am Straßenrand. Wer die Kugel trifft, hat gewonnen und darf sie behalten.

Dazu gruben wir kleine Löcher am Randstein und versuchten da hinein zu treffen. Dann wurde auch mit „5er Bömber" gespielt. Erst waren die Kugeln aus Ton. Die besseren aus Glas. Es war eine schöne Zeit, denn es waren immer Kinder auf der Straße oder man klingelte sie heraus.

Das Spielen war vorbei, denn jetzt begann für mich die Zeit in der Mittelschule zu lernen. Ich entschloss mich dann doch dafür, denn ich wollte plötzlich Handarbeitslehrerin werden. Ich hatte erbliche Voraussetzungen. Doch als mir zugetragen wurde, dass dann bei den Englischen Fräuleins in Würzburg Lippenstift, roter Nagellack und Stöckelschuhe verboten waren, schwenkte ich um.

In der Mittelschule war ich wegen meines nicht rein deutschen Namens bei verschiedenen Lehrerinnen nicht beliebt. Voraussetzung war auch, dass ich angeblich der deutschen Sprache nicht so mächtig sei, was nicht stimmte. Meine Aufsätze kamen unter einer Note 5 nie hinaus, obwohl ich in der englischen Sprache (trotz wenig Zeit zum Lernen) die Note 3 besaß. Trotzdem mit einer 5 im Zeugnis war mein Vorrücken in die nächste Klasse nicht gefährdet. In Rechnen und Buchhaltung war ich gut. So dachte ich jedoch bei mir, da stellt dich niemand ein, die denken, ich kann nicht richtig sprechen bzw. schreiben.

Meine Freundin schrieb nur Zweien in ihren Aufsätzen. Da wurde in mir der Gedanke wach, wenn wir mal tauschen und ich eine zwei erhalten würde, hätte ich eine vorzeigbare Note in dem Abschlusszeugnis. Sie war mit dem Tausch einverstanden. Ich schrieb ihren Aufsatz bei der Schulaufgabe und sie meinen. Doch kaum zu glauben, ich bekam wieder eine Fünf und meine Freundin eine Zwei auf meinen. Nun suchte ich nach Gerechtigkeit.

Jetzt wandte ich mich an den Kaplan der kath. Kirche. Dieser war Religionslehrer an der Schule und von den Gruppenstunden der kath. Jugend kannte ich ihn gut. Vertrauensvoll erzählte ich diesem was da so vorging an der Staatlichen Schule. Doch er wies mich darauf hin, dass wenn es den Lehrern bekannt werden würde, wir beide ein Sechs bekämen und somit müssten wir die Schulklasse wiederholen. So schloss ich die

Mittelschule mit einer Fünf in Deutsch ab. Was ich nie im Leben verstand.

Jedoch belegte ich nach Jahren an der Volkshochschule einige Kurse für die Sekretärinnen Prüfung und schloss dort mit einer zwei in Deutsch ab, obwohl der allgemeine Notendurchschnitt 2,5 war. Ich war ganz stolz auf mich.

Mein Vater war auch zwischenzeitlich bei der Fa. SKF Schweinfurt untergekommen. Diese nahmen leichte Kriegsversehrte gerne auf, da bekam die Firma damals Zuschüsse. Er kaufte sich bald einen Fiat 500.

Meiner Mutter gefiel die 2-Zimmer-Wohnung auch nicht mehr, denn sie wollte ein eigenes Haus, so wie es in Schlesien war. Allerdings war dort Landwirtschaft, die sie liebte. Sie suchte sich Arbeit in einem Privathaushalt einer Fabrikantenfamilie. Außerdem nahm sie noch zwei Putzstellen bei einem Zahnarzt und einem Hals-Nasen-Ohren-Arzt an, bis sie plötzlich zur Verkäuferin in einem Lebensmittelmarkt aufstieg.

Meine Eltern hatten genug Geld gespart und kauften dann ein Reihenhaus in Schweinfurt. Ab 18.10.1963 wohnten wir dort. Ihre Gedanken waren hin und wieder: zurückzugehen in ihre schöne Heimat Schlesien. Ich sagte, ich ginge nicht mit, denn meine schöne Heimat ist Schweinfurt. Ich weinte und versicherte, dass ich hier bleiben werde. Ich war gerade 16jährig und stolz ein eigenes Zimmer zu haben. Der Wunsch meines Vaters war es, dass ich zur Fa. SKF als kaufm. Angestellte ins Hochhaus nach der Schule sollte. Ich bewarb mich, wurde eingestellt und war dort auch 2,5 Jahre lang beschäftigt.

Zwischenzeitlich lernte ich einen Mann kennen und lieben und heiratete ihn. Damals noch mit dem Einverständnis meiner Eltern. Ich war nicht 21 Jahre und somit noch nicht volljährig. Endlich hatte ich auch meinen schwierigen Namen weg. Es war nicht Schmitt, Maier, Müller, sondern die Leute taten sich schwer meinen zu verstehen, der mit Hra…… anfing. Mich störte das Buchstabieren auch schon lange. Mein Mann hatte einen einfachen Doppelnamen, wenn auch ein bisschen lang und heutzutage sogar ganz bekannt (wie nämlich D. Katzenberger). Ich werde oft danach gefragt, ob es eine Verwandte sei, eher nicht, war meine Antwort.

Ab 1968 verbrachten wir jede Weihnachten bei der Großfamilie meines Mannes.

Er hatte noch 8 Geschwister, 3 ältere, eine Schwester nach ihm, einen Bruder der 7 Jahre jünger war als ich. Dann waren noch 3 kleinere Geschwister da.

Mittlerweile gab es auch schon 3 Enkelkinder. Es war schlicht ein Chaos in dem Wohnzimmer. Mein Schwiegervater hielt sich meist rauchend im

Garten einige Zeit auf. Er war in der Großfamilie der „Junggeselle". In der Ecke des Zimmers stand ein schön geschmückter unechter Christbaum. Darunter die vielen, vielen Geschenke, die jeder ablegte, Erst sang die Mutter noch in höchsten Tönen und der Vater spielte auf dem Klavier Weihnachtslieder.

Die Kinder mussten dann aus dem heillosen Durcheinander ihre Geschenke suchen.

Auf dem Nachhauseweg hatte ich wenig in der großen Tasche. Mein Mann und ich bekamen jährlich ein Buch oder Schallplatten geschenkt mit der Jahreszahl und mit dem Namen seiner Eltern signiert, so dass man sie nicht weiter verschenken konnte. Nach einigen Stunden gingen wir nach Hause. Meine Mutter hatte gekocht, wir aßen und nun kehrte dann in ihrem Wohnzimmer Ruhe ein.

Jedes Jahr das Gleiche, aber damals gefiel mir das sehr.

Ich war nur 2,5 Jahre bei der Fa. SKF in der Fernschreiberstelle und dann aushilfsweise in der Kreditorenabteilung eingestellt. Ich machte noch meinen Führerschein.

Gottseidank, denn mein Mann war anfangs dagegen. Es war dann doch hilfreich, wenn er mal bei Einladungen etwas mehr trank. Im Außendienst wäre der Führerscheinverlust für ihn furchtbar gewesen. Jedoch ich wollte gleich ein Kind und kündigte. Ich ließ mir die bis dato eingezahlte Rente auszahlen und wir kauften einen Teppichboden für das Wohnzimmer. Totaler Blödsinn. Der Teppichboden wurde nach einigen Jahren entsorgt.

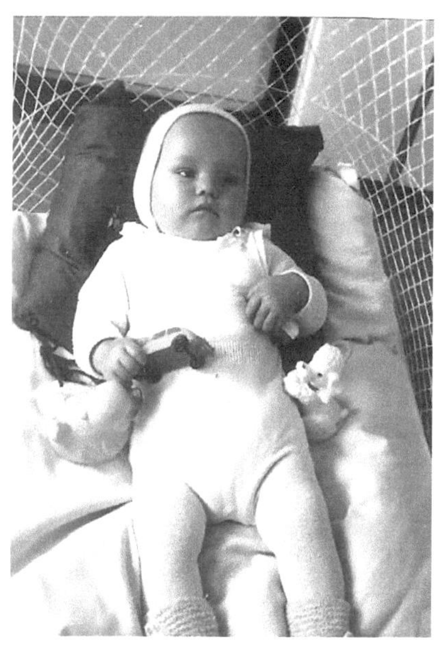

Als mein Sohn 3 Jahre alt war und in den Kindergarten ging, bildete ich mich mit verschiedenen Kursbelegungen an der Volkshochschule weiter und suchte nach einem geeigneten Job. Bald fand ich diesen und wurde bei einer Heizungsfirma (Hauptsitz in Würzburg) halbtags in Schweinfurt eingestellt. Dort arbeitete ich 10 Jahre, danach baute die Niederlassung Stellen ab. Ich jedoch sollte nach Würzburg in diese Hauptfirma. Mein Mann riet mir ab, jeden Tag mit dem Zug dorthin zu fahren. Ich bewarb mich bei einer Behörde. Ich wollte jedoch damals nur halbtags arbeiten in einem Zweiggebäude in meiner Wohnnähe, aber das ging dort nur ganztägig. Mittlerweile war mein Sohn auch alt genug. Später bezog die Behörde ein neues Gebäude. Ich bekam ein eigenes Zimmer.

Als eine Stelle in der Direktion neu zu besetzen war, wurde im Hause umher gehört. Ich wurde auserwählt und dorthin versetzt und fühlte mich bei meinem Chef sehr wohl. Jetzt verdiente ich mein eigenes Geld und fuhr mein eigenes Auto.

Das alles brachte mir jedoch ungeheuerlichen Ärger mit meiner damaligen Nachbarschaft in der Reihenhaussiedlung ein. Ich war jeden Tag gestylt und super gekleidet. Es standen 2 Autos vor der Tür, mein Kleinwagen und der Mercedes meines Mannes. Das Auto meines Vaters stand in seiner Garage, die sich im Haus befand. Wir fuhren im Jahr 2-3mal in Urlaub. Der Neid war für mich hart zu spüren.

Mein Chef war sehr belesen und wusste von dem Cousin meines Vaters, dem Generalmajor der Luftwaffe, der das goldene Eichenlaub besaß. Es waren nur 3 Personen damit ausgezeichnet worden.

Dietrich Hrabak

Hrabak kam 1935 von der Marine zur Luftwaffe und war bei Kriegsausbruch 1939 Staffelkapitän der 1. Staffel des Jagdgeschwaders 76, des späteren Jagdgeschwaders 54, ab August 1940 Kommandeur der 2. Gruppe, ab November 1942 Kommodore des Jagdgeschwaders 52 und ab Oktober 1944 Kommodore des Jagdgeschwaders 54. An den Fronten in Polen, Frankreich, über England, am Balkan und in Rußland war er nicht nur ein tapferer Jagdflieger, sondern auch eine der beliebten Führerpersönlichkeiten der Jagdwaffe. Seine Freimutigkeit und verständnisvolle Art waren bei seinen Fliegern allgemein beliebt, sahen diese doch in ihm den Frontkommodore, wie ihn der Zweite Weltkrieg prägte. Stets bedacht im Einsatz, entsprang sein Führungsstil einem Herzen mit hohem Kameradschaftsgeist und vornehmem Charakter. Die Erfolge der von ihm geführten Verbände beweisen dies aufschlußreich. Viele Luftsiege und eine hohe Zahl an Feindflügen reihen ihn zu den erfolgreichen Piloten unter den Jagdfliegern. Nach Kriegsende war Dietrich Hrabak vom 8.5.1945 – 5.3.1946 in britischer Kriegsgefangenschaft.

337. Eichenlaub am 25.11.1943 als Oberstleutnant und
Kommodore des

Dietrich HRABAK kam 1914 in einem kleinen Dorf bei Leipzig zur Welt. Schon als Junge zeigte er glühendes Interesse an den Pioniertaten der Luftfahrt. Er erhielt eine humanistische Schulbildung und trat nach dem Abschluss des Gymnasiums 1934 in die deutsche Marine ein. In der Stube neben ihm war ein anderer Rekrut namens Johannes Steinhoff untergebracht. 1968 hatte Steinhoff im Bau 14 des Bundesministeriums für Verteidigung in Bonn sein Dienstzimmer auf dem gleichen Flur wie Hrabak.

Dietrich HRABAK kam 1935 von der Marine zur Luftwaffe und war bei Kriegsausbruch 1939 Staffelkapitän der 1. Staffel des Jagdgeschwaders 76, des späteren Jagdgeschwaders 54, ab August 1940 Kommandeur der 2. Gruppe, ab November 1942 Kommodore des Jagdgeschwaders 54. An den Fronten in Polen, Frankreich, über England, am Balkan und in Russland war er nicht nur ein tapferer Jagdflieger, sondern auch eine der beliebten Führungspersönlichkeiten der Jagdwaffe. Seine Freimütigkeit und verständnisvolle Art waren bei seinen Fliegern allgemein beliebt, sahen diese doch in ihm den „Frontkommodore", wie ihn der Zweite Weltkrieg prägte. Stets bedacht im Einsatz, entsprang sein Führungsstil einem Herzen mit hohem Kameradschaftsgeist und vornehmen Charakter. Die Erfolge, der von ihm geführten Verbände, beweisen dies aufschlussreich. Viele Luftsiege und eine hohe Zahl an Feindflügen reihten ihn zu den erfolgreichsten Piloten unter den Jagdfliegern ein.

Hrabak hatte einen bestimmten Einfluss auf das JG 52. Seine konsequente Mahnung:- Fliege mit dem Kopf und nicht mit den Muskeln – rettete das Leben und formte die Laufbahn so manches erfolgreichen Jagdfliegers, der in dem Geschwader flog. Nach Kriegsende war Diedrich Hrabak von 8.5.1945 bis 5.3.1946 in britischer Kriegsgefangenschaft.

Nach dem Kriege, indem er es bis zum Oberst brachte, wollte Hrabak genau wie sein Vater Architekt werden. Er hatte den Mut, mit 32 Jahren noch eine Maurerlehre als Voraussetzung für das Architekturstudium zu beginnen. Er wollte sich an der Universität Tübingen immatrikulieren lassen. Dort sagte man zu ihm: Sie sind Militarist. Für Sie gibt es kein Studium. Er ließ die Architektur fallen und fing bei einer Maschinenfabrik an, in der er bis zum Verkaufsleiter aufstieg. Er gehörte zu den ersten deutschen Piloten, die 1955 in Amerika eine „Wiederauffrischungsausbildung" für Düsenjäger mitmachten. Seither war er oft in den Vereinigten Staaten.

Am 29. September 1995 war ich mit meinem Vater bei der Trauerfeier in der Ev. Erlöserkirche in Fürstenfeldbruck. Dabei war nur Prominenz.

Meine Tante Margarethe

Meine Tante, die Schwester meiner Mutter, die 4 Jahre jünger war, musste auch flüchten und fand eine Arbeit in einer Fabrik bei Frankfurt. Sie besuchte uns auch in Wasserlosen. Sie aber wollte nach Amerika auswandern, in das Traumland.

Sie fuhr mit dem Schiff. Das Geld für einen Flug hatte sie nicht. Auf dem Schiff lernte sie einen Mann kennen, der sie unterstützte. So arbeitete sie erst in Montreal als Bedienung. Sie hatte auf dem Schiff erstmals Englisch gelernt. Dann kam sie nach Los Angeles und arbeitete in einem guten Restaurant in Hollywood.

Mit 40 Jahren heiratete sie. Ihr Mann arbeitete in Kanada bei einer Ölfirma. Er verdiente sehr gut. Erst kauften sie eine Wohnung in einer Anlage mit Schwimmbad. Dann kauften sie ein Haus mit Grundstück. 2 Katzen lebten dort. Später legten sie sich noch ein Haus am Meer zu.

Als mein Mann und ich sie besuchten, wohnten sie am Rande von Los Angeles in einer Villa am Meer. Sie fuhr jeden zweiten Tag in die City und fütterte ihre Katzen. Sie hatten keine Kinder. Sie wohnten komfortabel sowas habe ich noch nicht gesehen.

Jedoch mit 70 Jahren trennten sie sich. Meine Tante zog wieder in die Innenstadt von Los Angeles in eine neue Wohnung. Mein Sohn besuchte sie mit seiner Familie damals noch dort.

Mittlerweile sind sie beide verstorben. Von ihr erbte ich einen ganz schönen Betrag.

Es dauerte aber 3 Jahre bis ich das Geld endlich überwiesen bekam. Der dritte Rechtsanwalt aus Stuttgart ermöglichte mir, über den Betrag zu verfügen. Aber 1/3 des Geldes ging an die Rechtsanwälte. Es waren zwei Banken involviert und ständig war in der Presse zu lesen, dass eine Bank bald kippte.

Nun Ende gut, alles gut.

Meine Eltern hatten als erste in der Straße das Reihenhaus bezahlt. Wir bauten dazu den Dachboden aus, damit mein Sohn seinen Bereich hatte. Somit wohnte ich mit meinen Eltern unter einem Dach mit vielen Vorteilen. Bei unserer Nachbarschaft war es schon so, dass wir gegenüber den „Einheimischen“, so wie meine Mutter immer sagte, ausgegrenzt wurden. Ich spürte den Neid speziell unserer Nachbarn.

Der links wohnende Nachbar (Alleinverdiener) musste immer zu meinen Arbeitgebern rennen, erst war es die Heizungsfirma und dann die Behörde.

Doch diese fanden an mir nichts Schlechtes, sondern das Gegenteil und sahen was es für böse Menschen gab.

Die Tochter von denen, damals 18jährig, kam mit ihrem Kleinauto nachts angefahren. Sie hat auf der Straße hinter ihren Wagen erbrochen. Am nächsten Tag kam Polizei zu mir, einer meiner Gäste wäre es gewesen. Ich hatte am Abend eine Einladung in meiner Wohnung. Es waren honorige Leute und keinem war es übel geworden und keiner hätte schon gar nicht auf die Straße gebrochen.

Auch sprach mich die Tochter auf der Straße an, dass ich nur so gut aussähe, weil ich Schminke im Gesicht habe. Da entgegnete ich ihr, dass sie mit Schminke nicht besser aussähe. Es würde bei ihr nicht helfen.

Mein Mann wurde von dem Ehemann der Tochter später auch drangsaliert. Die Autos sollten so geparkt werden, dass die Garageneinfahrten jeweils an den Häusern freigehalten werden mussten, da mein Vater diese benutzte. Der Ehemann stellte aber sein Fahrzeug mit Anhängerkupplung vor die Garage seines Schwiegervaters, sodass mein Mann knapp dahinter parken musste. Plötzlich kam er herausgerannt und schrie meinen Mann an, er wäre auf die Anhängerkupplung aufgefahren. Weiter behauptete er, die Anhängerkupplung hätte einen Haarriss. Mein Mann verneinte dies und rief mich bei der Polizei an. Ich beorderte eine Streife gleich hinzufahren. Diese stellte fest, dass keine Beschädigung vorläge.

Auf der gegenüberliegenden Straßenseite wurde mein Auto auch ständig eingeparkt.

Er fuhr sein Auto ganz nah vorne an meines. An den Kofferraum stellte er sein Motorrad.

Ich rief nicht die Polizei, da ich mich schämte, solche Nachbarn zu haben.

Die Gärten der Reihenhäuser waren durch eine Mauer getrennt. Diese war 14 cm breit und oben durch einen Zaun gesichert, somit hatte jeder 7 cm auf seiner Seite. Die Mauer war damals von meinem Vater errichtet worden, aber plötzlich gehörte diese auch dem Nachbarn. Ist diese später zu reparieren, dann wäre sie bestimmt wieder unsere gewesen.

Mein Vater baute damals für meinen kleinen Sohn einen Sandkasten, neben der Mauer. Die Nachbarskinder und mein Sohn backten auf der Mauer (7 cm bis zum Maschendrahtzaun) ihre Sandkuchen. Die Nachbarin beschwerte sich, der Sand fiele auf ihre 7 cm und dann auf die Kellertreppe runter. Wir wollten keinen Streit. Daraufhin errichtete mein Vater eine Sichtblende von 70 cm Höhe und begrünte diese mit einem Weinstock. Jetzt ging der Ärger erst richtig los. Sie hatten jetzt keinen Einblick in unseren Garten und fingen an, ein Sichtloch in den Weinstock zu schneiden. Da der Weinstock meinem Vater „heilig" war, ärgerte er sich sehr. Ich riet ihm das Loch mit 2 Steinen zuzustellen, was er auch tat. Reden konnte man mit denen nicht, die schrien gleich los. Man konnte nur handeln. Mein Vater ärgerte sich wieder, denn es waren 2 Klinkersteine, die verschwanden. Die Nachbarn fuhren jeden Sonntag in die Kirche und jetzt fotografierte ich das Ganze.

Nun hatte ich auch genug mit dem Theater und riet meinem Vater, er solle doch leere Blechdosen dorthin stellen, da erspare er sich den Weg für die Entsorgung. Gesagt getan auch diese waren weg.

Nach geraumer Zeit bekam ich ein Rechtsanwaltsschreiben, dass ich Dosen und Flaschen auf die Mauer des Nachbarn gestellt habe. Der Maschendrahtzaun war 70 cm, darüber noch die Blende, praktisch 140 cm hoch. Zum darüber langen und Flaschen sowie Dosen auf 7 cm zu stellen, da wären die Flaschen mit Sicherheit in seinen Keller 3 m hinuntergefallen und zerschlagen. Außerdem hätte ich mit dieser Nummer im Zirkus auftreten können.

Jetzt nahm ich mir auch einen Rechtsanwalt und erklärte den Sachverhalt.

Als es dann beim Zivilgericht zur Verhandlung war, erschien ich mit meinem Anwalt. Der Nachbar war mit seiner Tochter gekommen und auch mit seinem Anwalt. Der Richter zeigte mir ein Foto mit den aufgereihten Sachen. Ich erklärte ihm, dass das nicht ginge, schon gar nicht mit den Flaschen. Ich hatte ebenfalls ein Foto ohne Flaschen und Dosen. Daraufhin fragte der Richter den Nachbarn

„Stehen noch Flaschen und Dosen dort? Dieser entgegnete: „Nein". Die Verhandlung wurde geschlossen und der Anzeige-Erstatter wurde verpflichtet die Kosten zu übernehmen. Nun schrien er und seine Tochter herum. Ich dachte die kriegen einen Herzinfarkt. Ich verließ mit meinem Anwalt freudig den Saal.

Rechts wohnte ein Alkoholiker mit seiner streitsüchtigen Hilfsschul-Tochter, die mir an meiner Arbeitsstelle schaden wollten, was diese mit verlorenen Prozessen gegen mich teuer bezahlen mussten. Es gibt doch eine Gerechtigkeit! Diese Tochter machte mir das Wohnen zur Hölle. Denn bei mir aus der Wohnung käme Lärm. Ich wohnte im Erdgeschoss und das Schlafzimmer war neben ihrer Küche im 1. Stock. Eigentlich wohnte sie im Dachgeschoss. Sie machte mich verantwortlich für Lärm, den sie angeblich hörte.

Ich war ganztägig beschäftigt. Das Haus gehörte mir nicht. Mein Vater wohnte alleine mit darin. Meine Mutter war schon gestorben.

Für die Bauweise konnte ich nun schon gar nichts, denn die Fußböden waren immer bei den Zweifamilienhäusern durchgehend gebaut. So übertrug sich der Schall. Das nächste Haus war versetzt angebaut, sodass dort doppelte Wände und der Fußboden getrennt waren. Ich hörte sie auch als sie mit ihren beiden Kindern und Ehemann (Alkoholiker) herumschrie (fast täglich). Sie ließ jedoch keine Ruhe, rief etliche Male die Polizei, die auch nichts feststellen konnte. Sie versuchte es mit Falschaussagen ihrer gleichaltrigen Schulfreundin, die nebendran ja wohnte. Ich lasse Eisenkugeln rollen auf meiner Spüle. Beide waren nie in meiner Wohnung, aber sie kannten sich perfekt aus. Alles stimmte nicht.

Ich musste mir einen Rechtsanwalt nehmen und wieder zum Gericht. Jedoch blickten die diesmal durch und die „Auffüllerin" in einem Supermarkt musste 10 000 DM blechen.

Ich war im Vorzimmer des Polizeidirektors beschäftigt und schämte mich, welche Nachbar in hatte.

Mir wurden die Reifen nachgemessen, ob die Profilstärke stimme. Die wollten mich schädigen, dass ich meine Arbeitsstelle verliere. Ich aber verhielt mich sowieso korrekt.

Als ich mein Auto auf der Garageneinfahrt meines Vaters parkte, um meine Sportsachen zu holen, bemerkte ich, dass eine Radblende vorne rechts nicht richtig saß. Ich holte meinen Mann, der sie mir wieder richtig darauf machte und ich fuhr weg. Am nächsten Tag fiel mir auf, dass die Radkappe des VW Golfes wieder nicht ganz richtig saß und bat einen Monteur bei der Polizei, doch mal zu schauen. Dieser stellte fest, dass ich nur mit einer Radschraube fuhr, die anderen 4 waren herausgedreht.

Jetzt wurden sie alle bei der Polizei aufmerksam und sahen den Ernst der Sache. Es hätte sonst was passieren können und auch fremde Leute hätten zu Schaden kommen können. Mein Auto wurde einige Zeit beobachtet. Beide Nachbarn stritten es ab.

Lockvogel

Eines Tages kam ein Kollege zu mir und bat mich, nachdem eine Dame ausfiel, ob ich einen Lockvogel machen würde in Bad Kissingen. Ich kannte mich schon damals in der Stadt gut aus und stimmte zu. Mein Mann äußerte Bedenken, aber ich sah mich in der Pflicht. Es wurde damals ein Dieb gesucht, der reiferen Damen die

Handtaschen stahl. So zog ich mich dementsprechend an mit schwarzer Hose und schwarzer Lederjacke und nahm eine Tasche gut sichtbar in die linke Hand.

Zuerst wurde ich daheim von einem Beamten abgeholt und zur Polizeiinspektion Bad Kissingen gefahren. Dort wurde ich verkabelt, so dass ich mit dem Beamten und einer Beamtin, die ein Paar spielten, erreichbar war. So gingen wir mit größerem Abstand hintereinander her in den Park. Hinter den dicken Bäumen könnte jederzeit ein Dieb hervorspringen und meine Tasche entreißen. Es standen an einigen Stellen in der Stadt Sanitätsautos und die Polizei. Ich ging noch durch einige Straßen und Gassen, trug meine Tasche auffällig in der Hand, aber niemand griff zu. Vielleicht hatte er an diesem Tag keine Lust. Einige Männer pfiffen nach mir, dachten wohl ich suche einen Mann.

Die Unternehmung wurde erfolglos abgebrochen.

Großmutter - ein schönes Gefühl

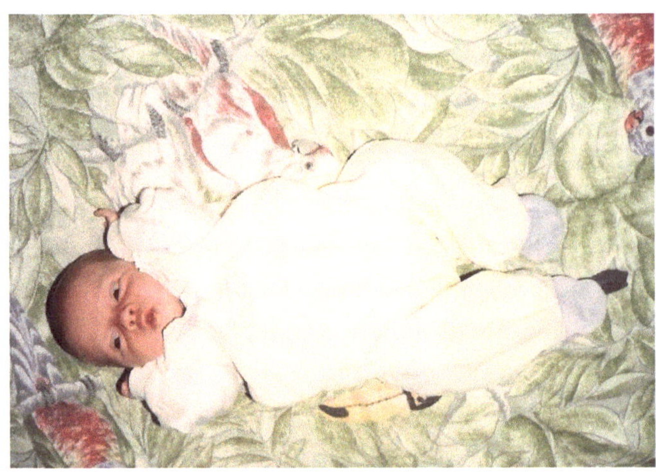

1993 war unsere Enkelin an Weihnachten ein paar Tage alt. Im Mai 1994 war die Taufe. Die Tante Petra, selbst schwanger, war die Taufpatin.

1994 war auch an Weihnachten der Urgroßvater dabei, ebenso die beiden Großelternpaare und der Klein-Cousin mit seinen Eltern. Gefeiert wurde nun bei meinem Sohn im neuen Haus.

1998 war schon eine Reise in die Dom. Rep. fällig.

Die Geburtstage wurden bei einem Italiener, auch mit Freunden, gefeiert. Die Gaststätte war kinderfreundlich.

2 Katzen fanden im Haus eine Aufnahme. Reiten wollten die Kinder auch. Im März 2001 wurde nach Mexico geflogen usw.

Nach grausamen Jahren in unserem Reihenhaus, fand mein Sohn für uns ein Zweifamilienhaus in einer super Gegend in der Nähe seiner Freunde in Schweinfurt. Es war zum Verkauf ausgeschrieben und wir bewegten meinen Mann das Haus doch in dieser gepflegten Gegend am Wald zu kaufen. Es wurde besichtigt und gekauft. Ich veräußerte mein Reihenhaus. Mein Vater war schon gestorben.

Mein Sohn verkaufte nun auch sein Reihenhaus in einer Dorfgemeinde. Er hatte dort aber außergewöhnlich nette Nachbarn links und rechts.

Nun zogen wir zusammen in das Zwei-familienhaus. Endlich hatten wir unsere Ruhe.

Mein Mann und ich waren mittlerweile auch schon einige Jahre in Rente. Jedoch nach zwei Jahren glücklichen Wohnens, verstarb mein Mann ganz plötzlich. Es war ein furchtbarer Schlag für uns.

Wer ist Anna von Leobschütz?

Sie hat natürliche einen bürgerlichen Namen, will aber unerkannt bleiben, daher der alias Name!

Bildnachweise: S.42 fotolia
ansonsten eigene Bilder der Autorin S. 6,7,26,31,32,33,44,46, sowie Cover V
und Rückseite